AF188137

Impressum
Verlag: BABADADA GmbH, Nedderfeld 112 , 22529 Hamburg
Geschäftsführer / Verlagsleitung: Harald Hof
Druck: Books on Demand GmbH, In de Tarpen 42, 22848 Norderstedt

Imprint
Publisher: BABADADA GmbH, Nedderfeld 112 , 22529 Hamburg, Germany
Managing Director / Publishing direction: Harald Hof
Print: Books on Demand GmbH, In de Tarpen 42, 22848 Norderstedt

koulu
skóli

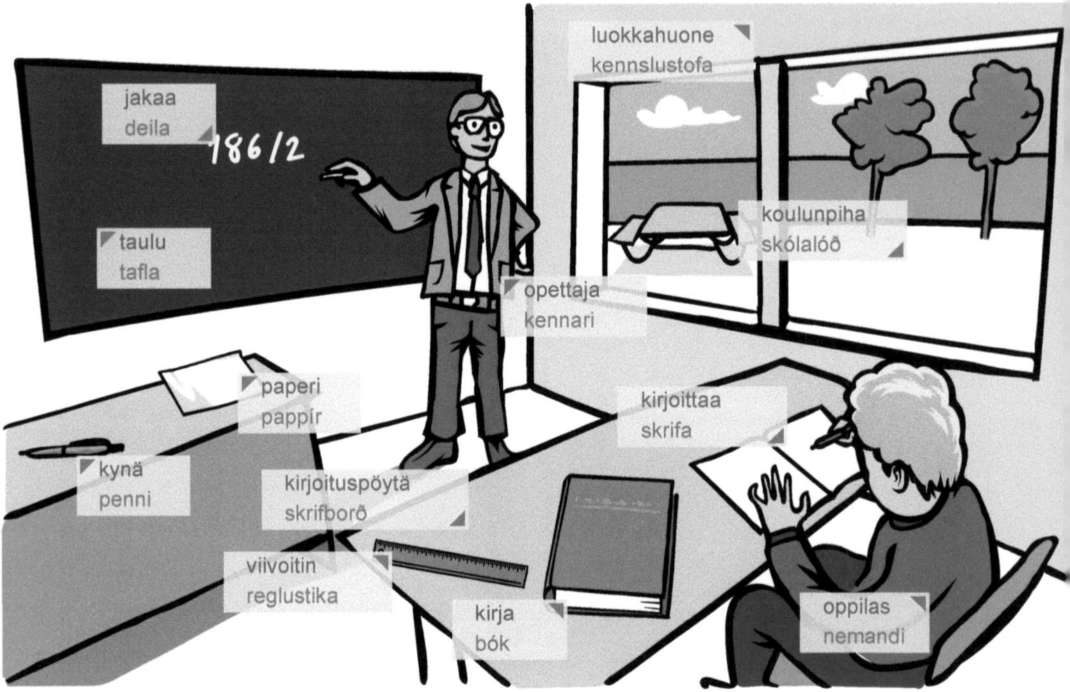

luokkahuone
kennslustofa
jakaa
deila
186/2
taulu
tafla
koulunpiha
skólalóð
opettaja
kennari
paperi
pappír
kirjoittaa
skrifa
kynä
penni
kirjoituspöytä
skrifborð
viivoitin
reglustika
kirja
bók
oppilas
nemandi

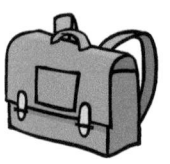

reppu

skólataska

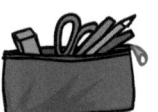

penaali

pennaveski

lyijykynä

blýantur

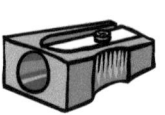

kynänteroitin

yddari

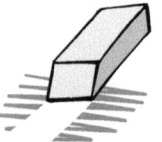

pyyhekumi

strokleður

piirustuslehtiö

teikniblað

piirustus

teikning

pensseli

pensill

vesivärit

litakassi

sakset

skæri

liima

lím

harjoituskirja

æfingabók

kotitehtävä

heimavinna

12

luku

númer

2+2

lisätä

leggja saman

5-2

vähentää

draga frá

2×2

kertoa

margfalda

laskea

reikna

A

kirjain

bréf

ABCDEFG
HIJKLMN
OPQRSTU
VWXYZ

aakkoset

stafróf

sana

orð

teksti

texti

lukea

lesa

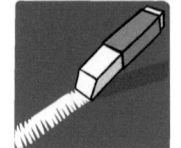

liitu

krít

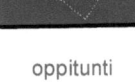

oppitunti

kennslustund

opettajan muistikirja

kladdi

koe

próf

todistus

vottorð

koulupuku

skólabúningur

koulutus

menntun

sanakirja

alfræðirit

yliopisto

háskóli

mikroskooppi

smásjá

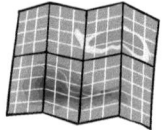

kartta

kort

roskakori

ruslakarfa

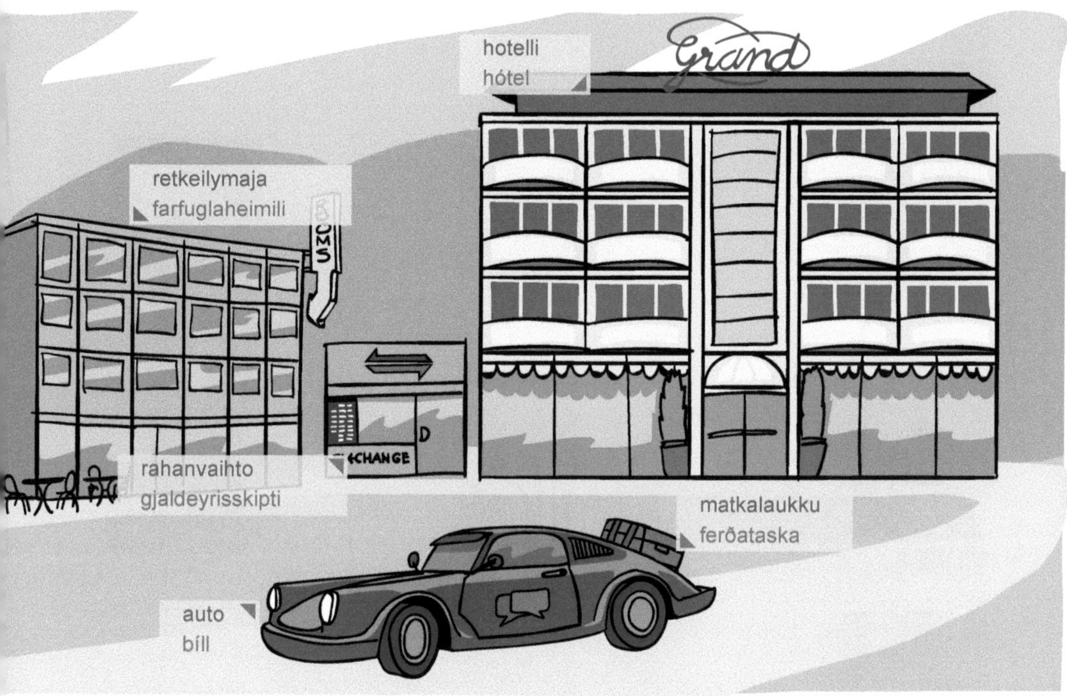
hotelli
hótel
Grand
retkeilymaja
farfuglaheimili
ROOMS
rahanvaihto
gjaldeyrisskipti
EXCHANGE
matkalaukku
ferðataska
auto
bíll

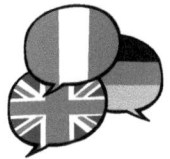

kieli

tungumál

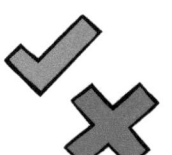

kyllä / ei

já / nei

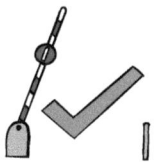

selvä

allt í lagi

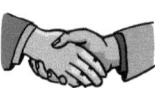

hei

halló

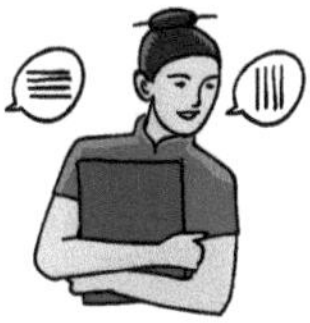

tulkki

þýðandi

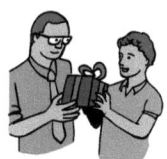

kiitos

takk fyrir

Paljonko...maksaa?

hvað kostar...?

en ymmärrä

Ég skil ekki

ongelma

vandamál

Hyvää iltaa!

Gott kvöld!

Hyvää huomenta!

Góðan dag!

Hyvää yötä!

Góða nótt!

näkemiin

bless bless

suunta

átt

matkatavarat

farangur

laukku

taska

reppu

bakpoki

vieras

gestur

huone

herbergi

makuupussi

svefnpoki

teltta

tjald

turisti-info

upplýsingamiõstöõ

ranta

strönd

luottokortti

kreditkort

aamupala

morgunverður

lounas

hádegisverður

päivällinen

kvöldmatur

matkalippu

farmiði

hissi

lyfta

postimerkki

frímerki

raja

landamæri

tulli

tollur

suurlähetystö

sendiráð

viisumi

vegabréfsáritun

passi

vegabréf

kuljetus
samgöngur

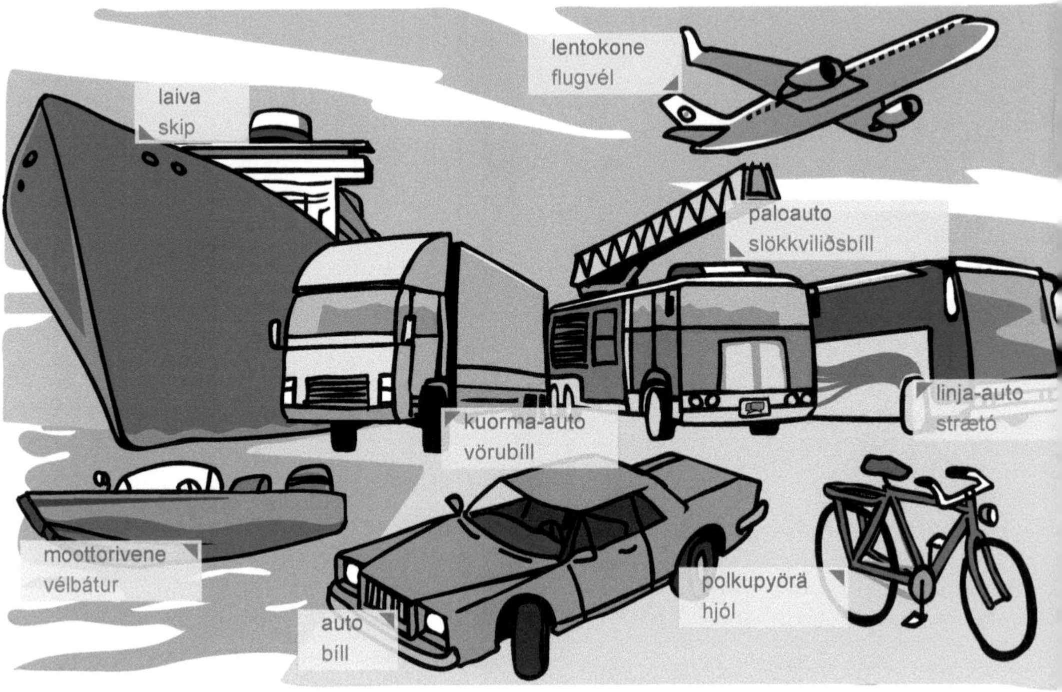

lentokone
flugvél
laiva
skip
paloauto
slökkviliðsbíll
linja-auto
strætó
kuorma-auto
vörubíll
moottorivene
vélbátur
polkupyörä
hjól
auto
bíll

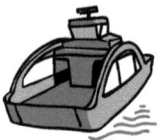

lautta

ferja

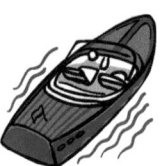

vene

bátur

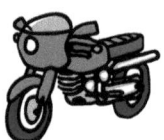

moottoripyörä

mótorhjól

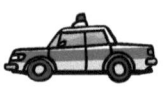

poliisiauto

lögreglubíll

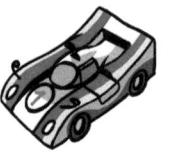

kilpa-auto

kappakstursbíll

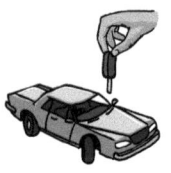

vuokra-auto

bílaleigubíll

car sharing

bílasamneyti

hinausauto

dráttarbíll

roska-auto

öskubíll

moottori

vél

polttoaine

eldsneyti

huoltoasema

bensínstöð

liikennemerkki

umferðarskilti

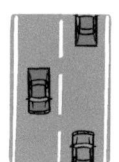

liikenne

umferð

ruuhka

umferðarteppa

parkkipaikka

bílastæði

rautatieasema

lestarstöð

raiteet

járnbrautarteinar

juna

lest

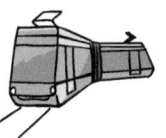

raitiovaunu

sporvagn

vaunu

vagn

helikopteri
þyrla

lentokenttä
flugvöllur

lähilennonjohto
turn

matkustaja
farþegi

kontti
gámur

pahvilaatikko
pappakassi

kärryt
kerra

kori
karfa

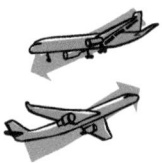

nousta / laskea
takast á loft / lenda

kaupunki
borg

kylä
þorp

keskusta
miðbær

talo
hús

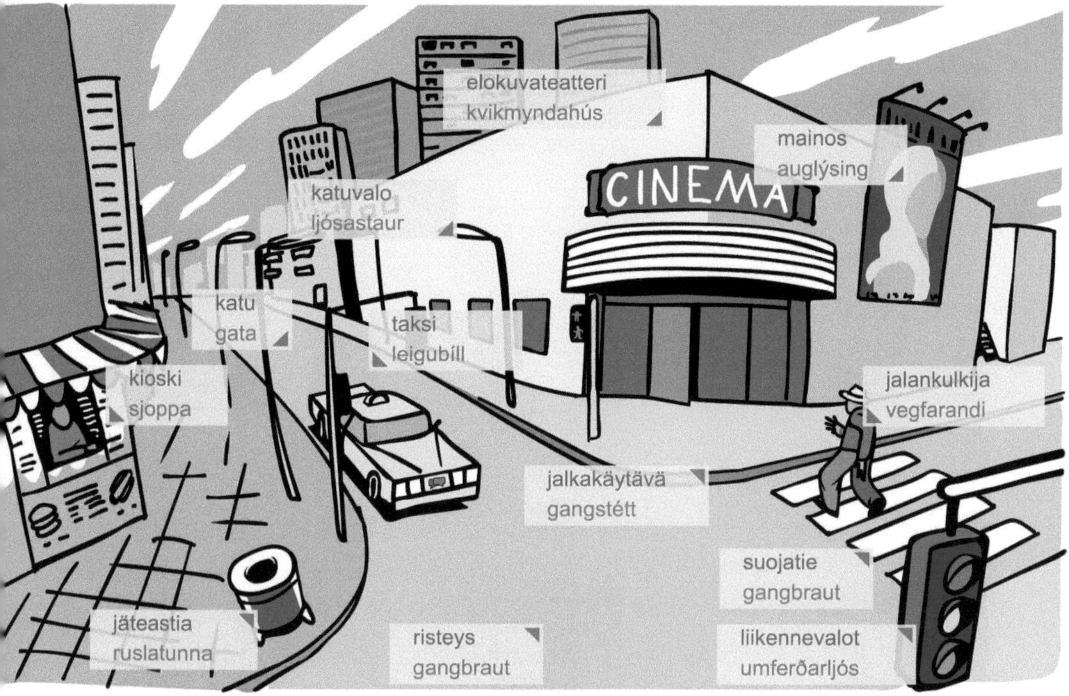

elokuvateatteri
kvikmyndahús

mainos
auglýsing

katuvalo
ljósastaur

CINEMA

katu
gata

taksi
leigubíll

kioski
sjoppa

jalankulkija
vegfarandi

jalkakäytävä
gangstétt

suojatie
gangbraut

jäteastia
ruslatunna

risteys
gangbraut

liikennevalot
umferðarljós

mökki
....
skáli

kerrostalo
....
íbúð

rautatieasema
....
lestarstöð

kaupungintalo
....
ráðhús

museo
....
safn

koulu
....
skóli

yliopisto
háskóli

pankki
banki

sairaala
sjúkrahús

hotelli
hótel

apteekki
apótek

toimisto
skrifstofa

kirjakauppa
bókabúð

liike
búð

kukkakauppa
blómabúð

supermarketti
kjörbúð

tori
markaður

tavaratalo
stórmarkaður

kalakauppias
fiskbúð

ostoskeskus
verslunarmiðstöð

satama
höfn

puisto

almenningsgarður

penkki

bekkur

silta

brú

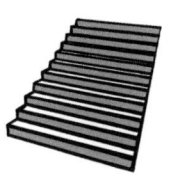

portaat

stigi

metro

neðanjarðarlest

tunneli

göng

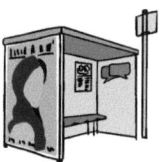

linja-autopysäkki

biðstöð

baari

bar

ravintola

veitingastaður

postilaatikko

póstkassi

katukyltti

götuskilti

parkkimittari

stöðumælir

eläintarha

dýragarður

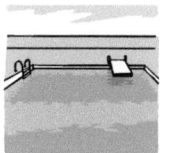

uimala

sundlaug

moskeija

moska

maatila
bær

ympäristön saastuminen
mengun

hautausmaa
kirkjugarður

kirkko
kirkja

leikkikenttä
leiksvæði

temppeli
musteri

maisema
landslag

lehti
laufblað

tienviitta
leiðarvísir

tie
leið

niitty
engi

kivi
steinn

retkeilijä
göngufólk

puu
tré

joki
á

ruoho
gras

kukka
blóm

laakso

dalur

vuori

hæð

järvi

stöðuvatn

metsä

skógur

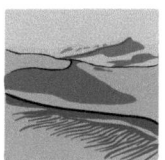

aavikko

eyðimörk

tulivuori

eldfjall

linna

kastali

sateenkaari

regnbogi

sieni

sveppur

palmu

pálmatré

hyttynen

moskítófluga

kärpänen

fluga

muurahainen

maur

mehiläinen

býfluga

hämähäkki

kónguló

kovakuoriainen
bjalla

sammakko
froskur

orava
íkorni

siili
broddgöltur

jänis
héri

pöllö
ugla

lintu
fugl

joutsen
svanur

villisika
villisvín

peura
dádýr

hirvi
elgur

pato
stífla

tuulimylly
vindmylla

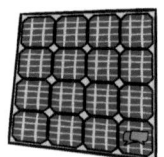

aurinkopaneeli
sólarrafhlaða

ilmasto
loftslag

16   maisema - landslag

ravintola
veitingastaður

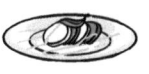

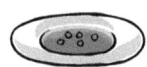

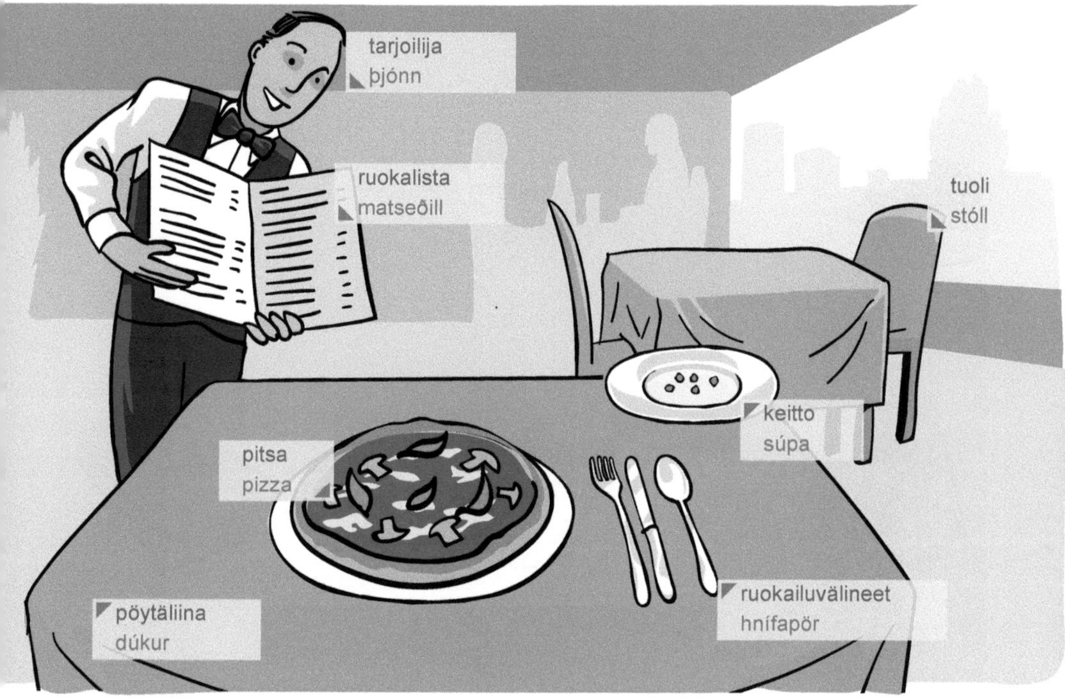
tarjoilija
þjónn
ruokalista
matseðill
tuoli
stóll
keitto
súpa
pitsa
pizza
pöytäliina
dúkur
ruokailuvälineet
hnífapör

alkuruoka

forréttur

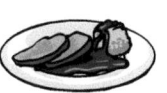

pääruoka

aðalréttur

jälkiruoka

eftirréttur

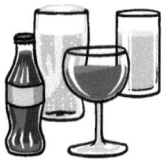

juomat

drykkir

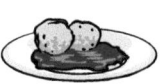

ruoka

matur

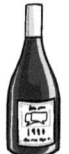

pullo

flaska

pikaruoka

skyndibiti

katuruoka

götumatur

teekannu

teketill

sokeriastia

sykurskál

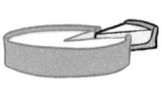

annos

skammtur

espressokeitin

espressovél

syöttötuoli

barnastóll

lasku

reikningur

tarjotin

bakki

veitsi

hnífur

haarukka

gaffall

lusikka

skeið

teelusikka

teskeið

servietti

servíetta

lasi

glas

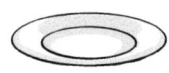

lautanen
diskur

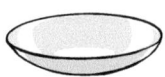

syvä lautanen
súpudiskur

aluslautanen
undirskál

kastike
sósa

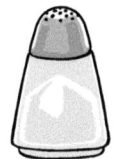

suolasirotin
saltstaukur

pippurimylly
piparkvörn

etikka
edik

öljy
olía

mausteet
krydd

ketsuppi
tómatsósa

sinappi
sinnep

majoneesi
majónes

supermarketti
kjörbúð

tarjous
tilboð
FOR
asiakas
viðskiptavinur
maitotuotteet
mjólkurvörur
hedelmät
ávöxtur
ostoskärryt
búðarkerra

BUTCHERS

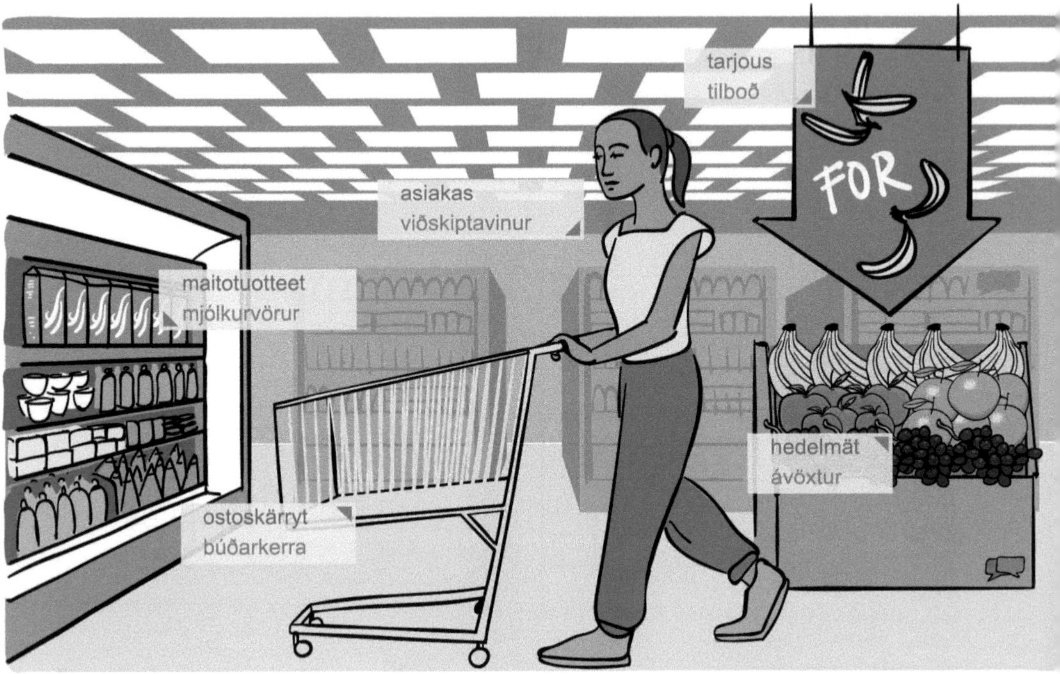

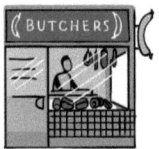

teurastamo

slátrari

BAKERY

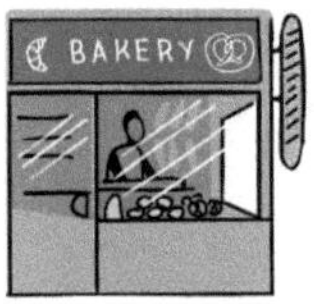

leipomo

bakarí

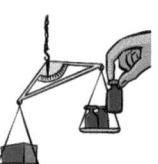

punnita

vega

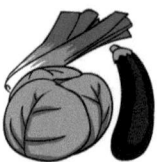

kasvikset

grænmeti

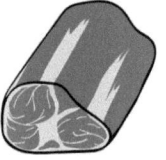

liha

kjöt

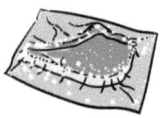

pakasteet

frosinn matur

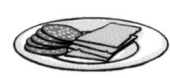

leikkele
kjötálegg

säilykkeet
niðursoðinn matur

pesujauhe
þvottaefni

makeiset
sælgæti

kotitaloustarvikkeet
vörur til heimilisnota

puhdistusaineet
hreinsiefni

myyjä
afgreiðslukona

kassa
afgreiðslukassi

kassanhoitaja
gjaldkeri

ostoslista
innkaupalisti

aukioloajat
opnunartímar

lompakko
veski

luottokortti
kreditkort

kassi
poki

muovipussi
plastpoki

vesi

vatn

mehu

safi

maito

mjólk

kokis

kók

viini

vín

olut

bjór

alkoholi

áfengi

kaakao

kakó

tee

te

kahvi

kaffi

espresso

espresso

cappuccino

kaffi

banaani

banani

omena

epli

appelsiini

appelsínugulur

meloni

melóna

sitruuna

sítróna

porkkana

gulrót

valkosipuli

hvítlaukur

bambu

bambus

sipuli

laukur

sieni

sveppir

pähkinät

hnetur

spagetti

núðlur

spagetti

spagettí

riisi

hrísgrjón

salaatti

salat

ranskalaiset

franskar kartöflur

paistetut perunat

steiktar kartöflur

pitsa

pizza

hampurilainen

hamborgari

voileipä

samloka

leike

snitsel

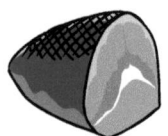

kinkku

skinka

salami

salami

makkara

pylsa

kana

kjúklingur

paisti

steik

kala

fiskur

kaurahiutaleet

haframjöl

mysli

múslí

murot

kornflögur

jauho

hveiti

voisarvi

franskt horn

sämpylä

smábrauð

leipä

brauð

paahtoleipä

ristað brauð

keksit

kex

voi

smjör

rahka

ystingur

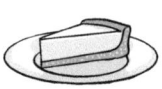

kakku

kaka

kananmuna

egg

paistettu kananmuna

spælt egg

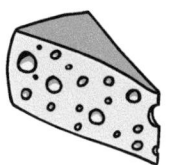

juusto

ostur

jäätelö

ís

sokeri

sykur

hunaja

hunang

hillo

sulta

suklaapähkinälevite

súkkulaðiálegg

curry

karrý

maatila
bær

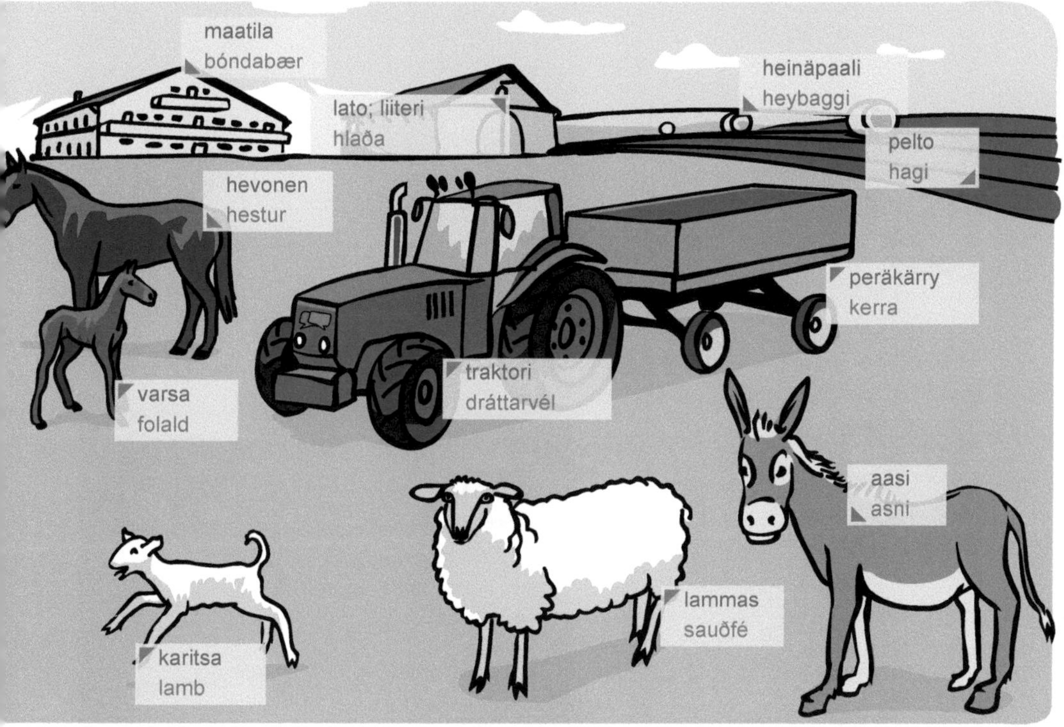
maatila
bóndabær
lato; liiteri
hlaða
heinäpaali
heybaggi
pelto
hagi
hevonen
hestur
peräkärry
kerra
varsa
folald
traktori
dráttarvél
aasi
asni
lammas
sauðfé
karitsa
lamb

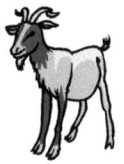

vuohi
geit

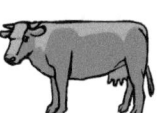

lehmä
kýr

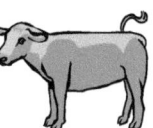

vasikka
kálfur

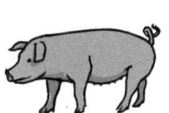

sika
svín

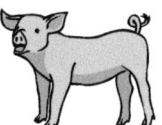

porsas
grís

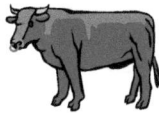

sonni
naut

hanhi

gæs

ankka

önd

tipu

ungi

kana

hæna

kukko

hani

rotta

rotta

kissa

köttur

hiiri

mús

härkä

uxi

koira

hundur

koirankoppi

hundakofi

puutarhaletku

garðslanga

kastelukannu

garðkanna

viikate

ljár

aura

plógur

sirppi

sigð

kuokka

hlújárn

talikko

heygaffall

kirves

öxi

kottikärryt

hjólbörur

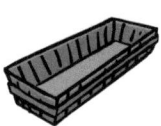

kaukalo

trog

maitokannu

mjólkurfata

säkki

poki

aita

girðing

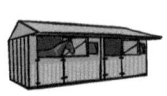

talli

gripahús

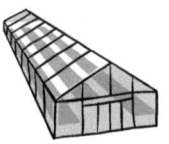

kasvihuone

gróðurhús

maa

jarðvegur

siemen

fræ

lannoite

áburður

leikkuupuimuri

kornskurðarvél

kerätä sato

uppskera

sato

uppskera

jamssit

kínverskar kartöflur

vehnä

hveiti

soija

soja

peruna

kartafla

maissi

maís

rypsi

repja

hedelmäpuu

ávaxtatré

maniokki

maníókarót

vilja

korn

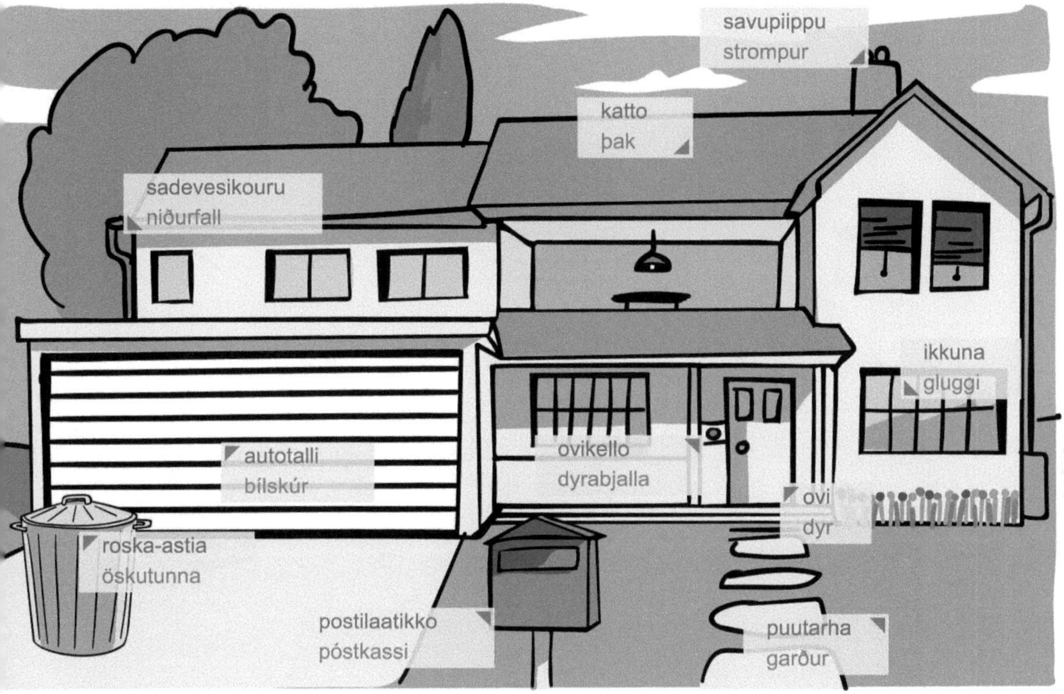

savupiippu
strompur

katto
þak

sadevesikouru
niðurfall

ikkuna
gluggi

autotalli
bílskúr

ovikello
dyrabjalla

ovi
dyr

roska-astia
öskutunna

postilaatikko
póstkassi

puutarha
garður

olohuone
stofa

kylpyhuone
baðherbergi

keittiö
eldhús

makuuhuone
svefnherbergi

lastenhuone
barnaherbergi

ruokahuone
borðstofa

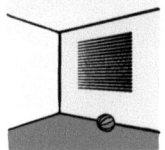

lattia
gólf

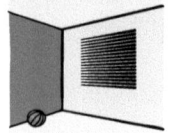

seinä
veggur

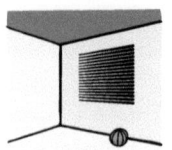

katto
loft

kellari
kjallari

sauna
gufubað

parveke
svalir

terassi
verönd

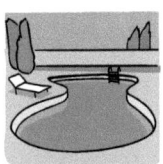

uima-allas
sundlaug

ruohonleikkuri
sláttuvél

lakana
lak

päiväpeitto
rúmteppi

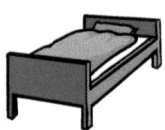

sänky
rúm

harja
kústur

ämpäri
fata

katkaisin
rofi

olohuone

stofa

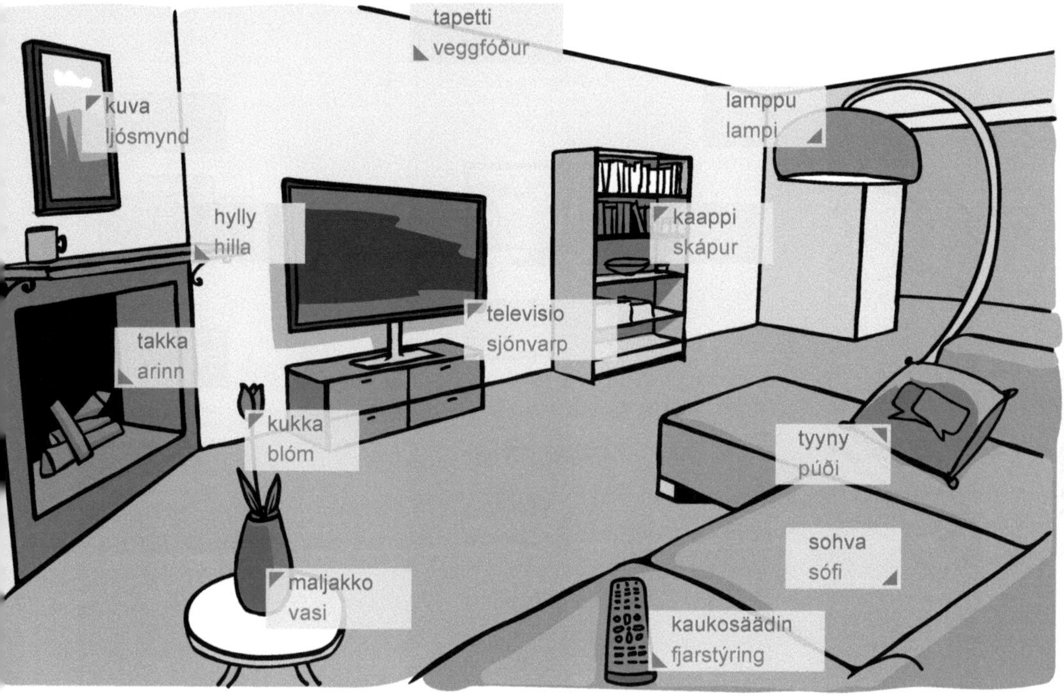

tapetti
veggfóður
kuva
ljósmynd
lamppu
lampi
hylly
hilla
kaappi
skápur
televisio
sjónvarp
takka
arinn
kukka
blóm
tyyny
púði
sohva
sófi
maljakko
vasi
kaukosäädin
fjarstýring

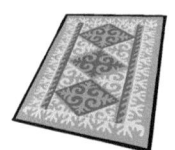

matto
teppi

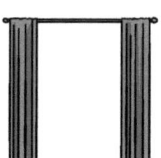

verho
gardínur

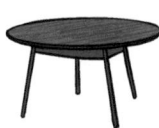

pöytä
borð

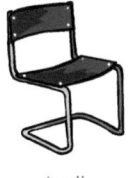

tuoli
stóll

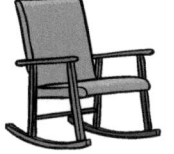

keinutuoli
ruggustóll

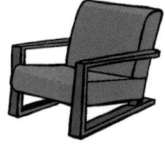

nojatuoli
hægindastóll

kirja
bók

peitto
sæng

koriste
skraut

polttopuut
eldiviður

elokuva
mynd

stereot
hljómflutningstæki

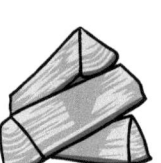

avain
lykill

sanomalehti
dagblað

maalaus
málverk

juliste
veggspjald

radio
útvarp

muistivihko
minnisbók

pölynimuri
ryksuga

kaktus
kaktus

kynttilä
kerti

keittiö
eldhús

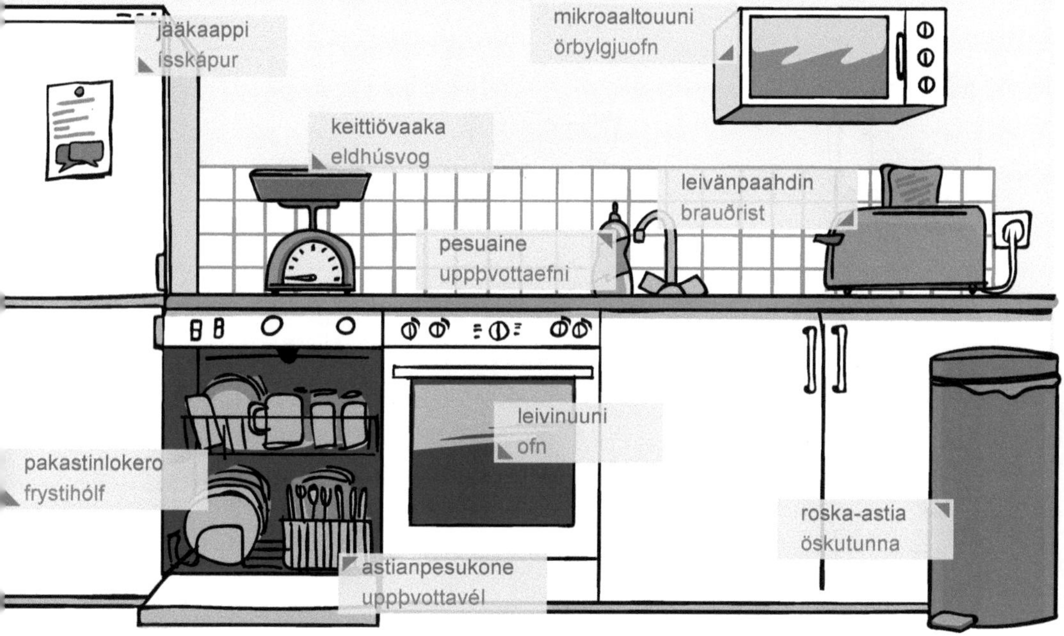
jääkaappi
ísskápur
mikroaaltouuni
örbylgjuofn
keittiövaaka
eldhúsvog
leivänpaahdin
brauðrist
pesuaine
uppþvottaefni
leivinuuni
ofn
pakastinlokero
frystihólf
roska-astia
öskutunna
astianpesukone
uppþvottavél

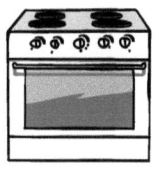

liesi

eldavél

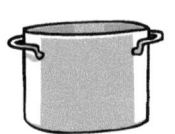

kattila

pottur

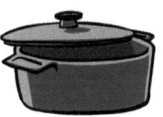

rautapata

steypujárnspottur

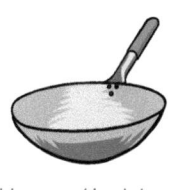

wokkipannu / kadai-pannu

wok/kadai

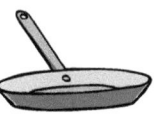

paistinpannu

panna

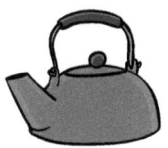

teepannu

ketill

höyrykeitin

gufukarfa

uunipelti

ofnform

astiat

leirtau

muki

mál

kulho

skál

syömäpuikot

prjónar

kauha

ausa

paistinlasta

spaði

vispilä

pískur

siivilä

sigti

siivilä

málmsigti

raastin

rifjárn

mortteli

mortél

grilli

grill

avotuli

opinn eldur

leikkuulauta

skurðarbretti

kaulin

kökukefli

korkinavaaja

tappatogari

purkki

dós

purkinavaaja

dósaopnari

pannulappu

pottaleppur

lavuaari

vaskur

tiskiharja

bursti

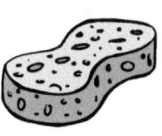

pesusieni

svampur

tehosekoitin

blandari

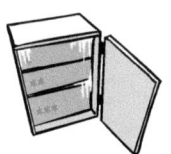

pakastin

frystir

tuttipullo

peli

vesihana

blöndunartæki

kylpyhuone
baðherbergi

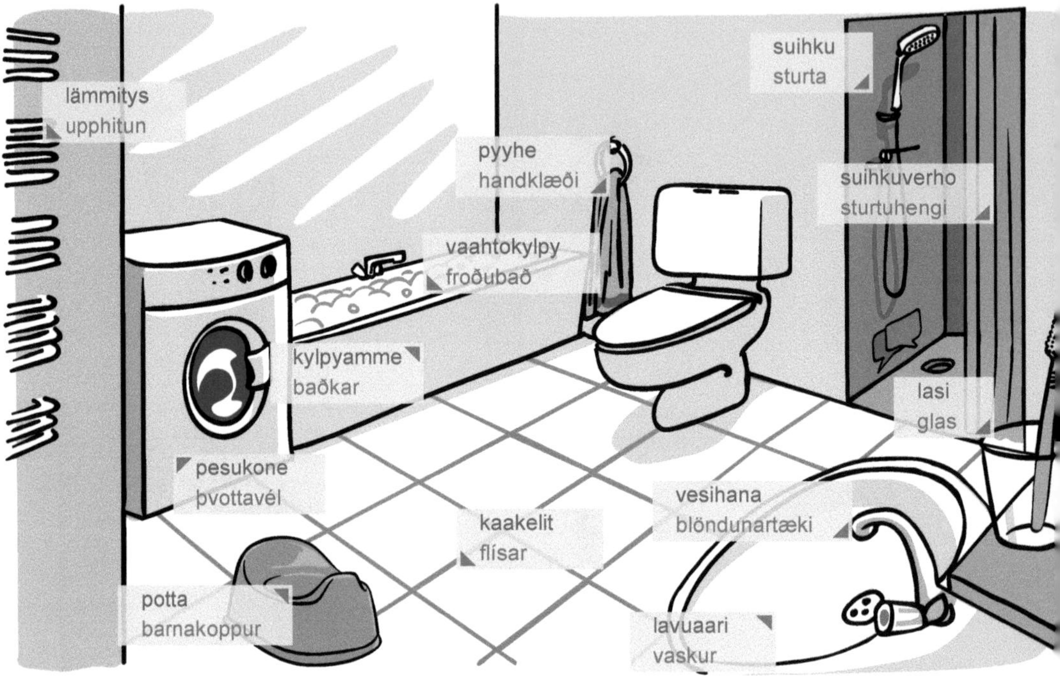

lämmitys
upphitun
pyyhe
handklæði
suihku
sturta
suihkuverho
sturtuhengi
vaahtokylpy
froðubað
kylpyamme
baðkar
lasi
glas
pesukone
þvottavél
vesihana
blöndunartæki
kaakelit
flísar
potta
barnakoppur
lavuaari
vaskur

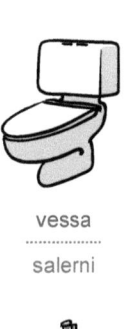

vessa

salerni

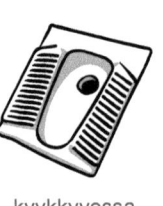

kyykkyvessa

salerni án setu

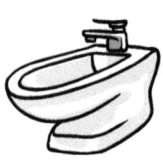

bidee

skolskál

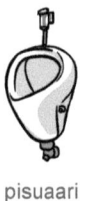

pisuaari

þvagskál

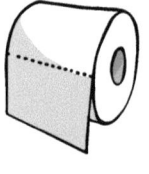

vessapaperi

salernispappír

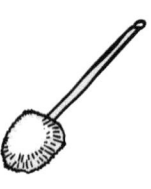

vessaharja

salernisbursti

hammasharja
tannbursti

hammastahna
tannkrem

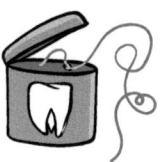

hammaslanka
tannþráður

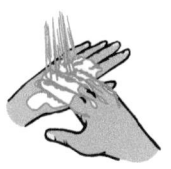

pestä
þvo

käsisuihku
handsturta

intiimisuihku
salernissturta

pesuvati
vaskur

selkäharja
bakbursti

saippua
sápa

suihkugeeli
sturtugel

shampoo
sjampó

pesulappu
flannel

viemäri
niðurfall

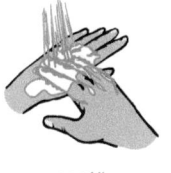

voide
krem

deodorantti
svitalyktareyðir

peili

spegill

käsipeili

handspegill

partaveitsi

rakskafa

partavaahto

raksápa

partavesi

rakspíri

kampa

greiða

harja

bursti

hiustenkuivaaja

hárþurrka

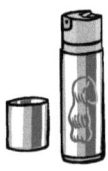

hiuslakka

hársprey

meikki

farði

huulipuna

varalitur

kynsilakka

naglalakk

pumpuli

bómull

kynsisakset

naglaklippur

hajuvesi

ilmvatn

kosmetiikkalaukku

þvottapoki

jakkara

kollur

vaaka

vog

kylpytakki

sloppur

kumihansikkaat

gúmmíhanskar

tamponi

tíðatappi

terveysside

dömubindi

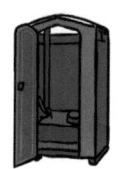

kemiallinen wc

efnasalerni

lastenhuone
barnaherbergi

herätyskello
vekjaraklukka
pehmolelu
mjúkt leikfang
leikkiauto
leikfangabíll
helistin
hrista
nukkekoti
dúkkuhús
lahja
gjöf

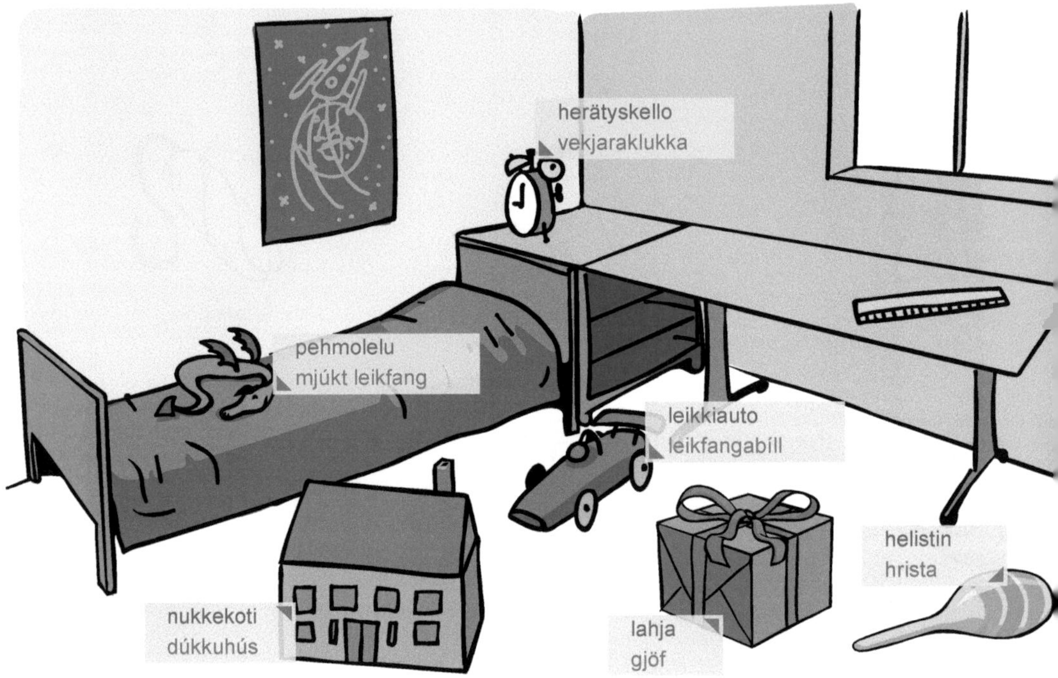

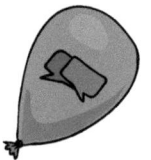

ilmapallo

blaðra

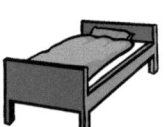

sänky

rúm

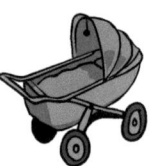

lastenvaunut

barnavagn

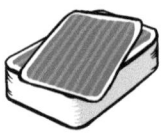

korttipeli

spilastokkur

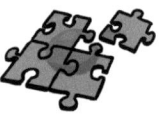

palapeli

púsluspil

sarjakuva

myndasaga

legopalikat
legókubbar

rakennuspalikat
leikfangakubbar

supersankari
leikfangakall

potkupuku
samfestingur

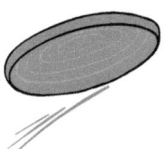

frisbee
Frisbídiskur

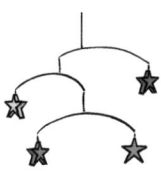

mobile
órói

lautapeli
spilaborð

noppa
teningar

pienoisjunarata
lestarlíkan

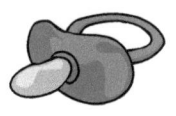

tutti
snuð

juhlat
veisla

kuvakirja
myndabók

pallo
bolti

nukke
brúða

leikkiä
spila

hiekkalaatikko

sandkassi

keinu

sveifla

lelut

leikföng

pelikonsoli

leikjatölva

kolmipyörä

þríhjól

nalle

bangsi

vaatekaappi

fataskápur

vaatteet
föt

sukat

sokkar

nylonsukat

kvensokkabuxur

sukkahousut

sokkabuxur

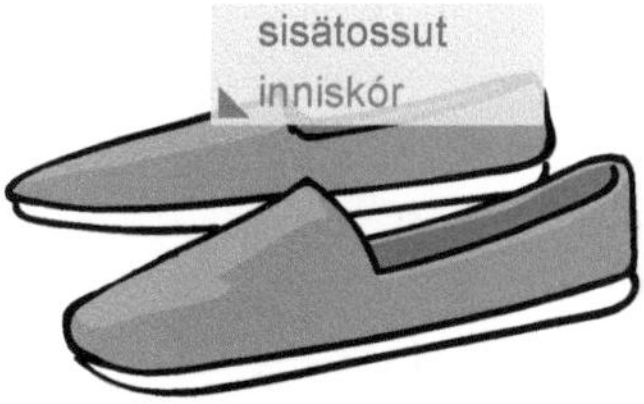

kaulaliina
trefill

sateenvarjo
regnhlíf

vyö
belti

t-paita
stuttermabolur

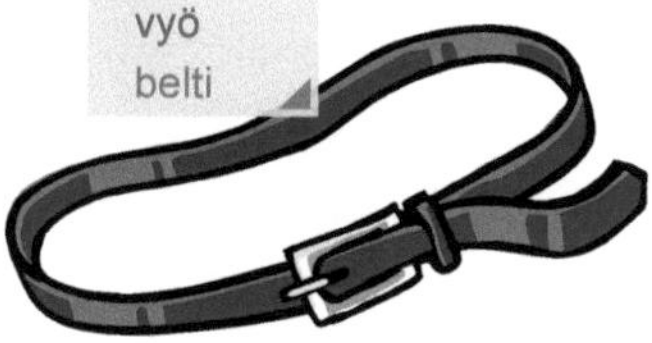

saappaat
skór

sisätossut
inniskór

lenkkarit
strigaskór

sandaalit
....
sandalar

kengät
....
skór

kumisaappaat
....
gúmmístígvél

alushousut
....
nærbuxur

rintaliivit
....
brjóstahaldari

aluspaita
....
vesti

vaatteet - föt

45

body

samfella

housut

buxur

farkut

gallabuxur

hame

pils

pusero

blússa

paita

skyrta

villapaita

peysa

collegepaita

hettupeysa

jakku

jakki

takki

jakki

takki

frakki

sadetakki

regnfrakki

puku

dragt

mekko

kjóll

hääpuku

brúðarkjóll

puku
jakkaföt

yöpaita
náttkjóll

pyjama
náttföt

shari
Sari

päähuivi
höfuðslæða

turbaani
túrban

burka
búrka

kaftaani
kaftan

abaya
abaya

uimapuku
sundföt

uimahousut
sundbuxur

shortsit
stuttbuxur

verkkarit
íþróttagalli

esiliina
svunta

käsineet
hanskar

nappi
hnappur

silmälasit
gleraugu

rannekoru
armband

kaulakoru
hálsmen

sormus
hringur

korvakoru
eyrnalokkur

lippalakki
húfa

ripustin
herðatré

hattu
hattur

solmio
bindi

vetoketju
rennilás

kypärä
hjálmur

henkselit
axlabönd

koulupuku
skólabúningur

univormu
einkennisbúningur

ruokalappu

smekkur

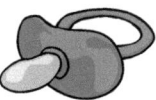

tutti

snuð

vaippa

bleyja

toimisto
skrifstofa

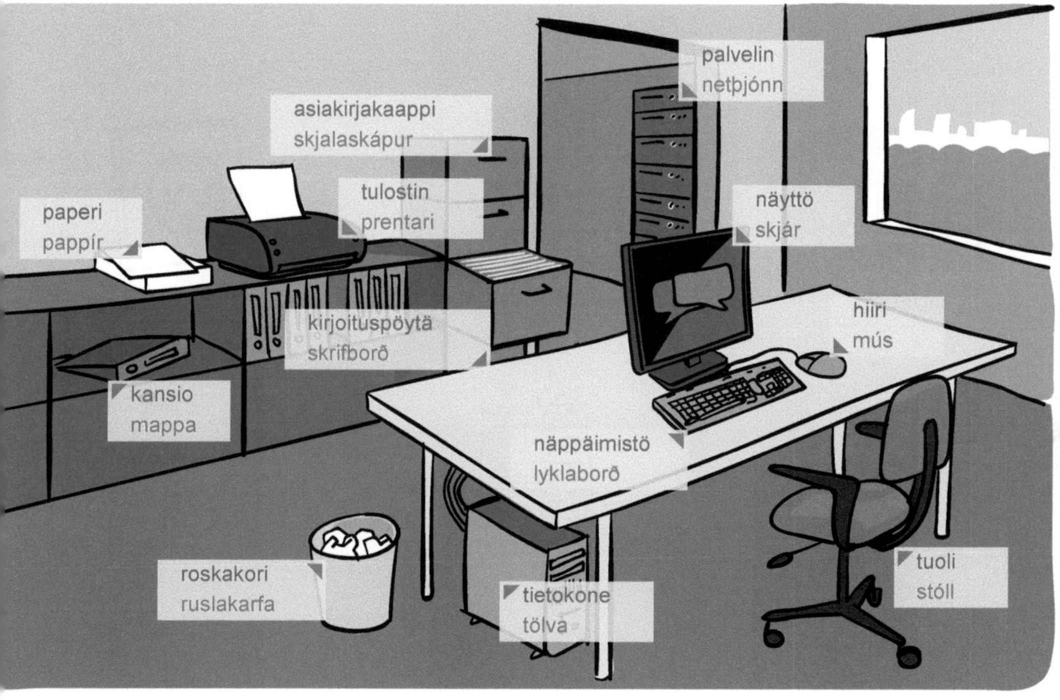

palvelin
netþjónn

asiakirjakaappi
skjalaskápur

paperi
pappír

tulostin
prentari

näyttö
skjár

kirjoituspöytä
skrifborð

hiiri
mús

kansio
mappa

näppäimistö
lyklaborð

roskakori
ruslakarfa

tietokone
tölva

tuoli
stóll

kahvimuki

kaffibolli

taskulaskin

reiknivél

internet

internet

kannettava tietokone

fartölva

kirje

bréf

viesti

skilaboð

känntykkä

farsími

verkko

net

kopiokone

ljósritunarvél

ohjelmisto

hugbúnaður

puhelin

sími

pistorasia

innstunga

faksi

faxtæki

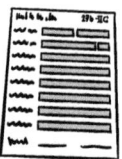

lomake

eyðublað

asiakirja

skjal

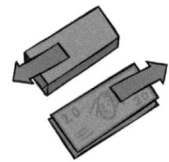

ostaa

kaupa

maksaa

borga

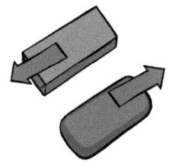

vaihtaa

versla

raha

peningar

dollari

dollari

euro

evra

jeni

jen

rupla

rúbla

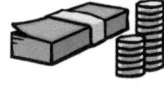

frangi

svissneskur franki

renminbi juan

renminbi yuan

rupia

rúpíur

pankkiautomaatti

hraðbanki

rahanvaihto

gjaldeyrisskipti

kulta

gull

hopea

silfur

öljy

olía

energia

orka

hinta

verð

sopimus

samningur

vero

skattur

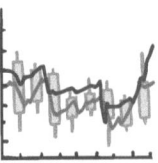

osake

hlutabréf

työskennellä

vinna

työntekijä

starfsmaður

työnantaja

vinnuveitandi

tehdas

verksmiðja

liike

búð

ammatit
starfsgreinar

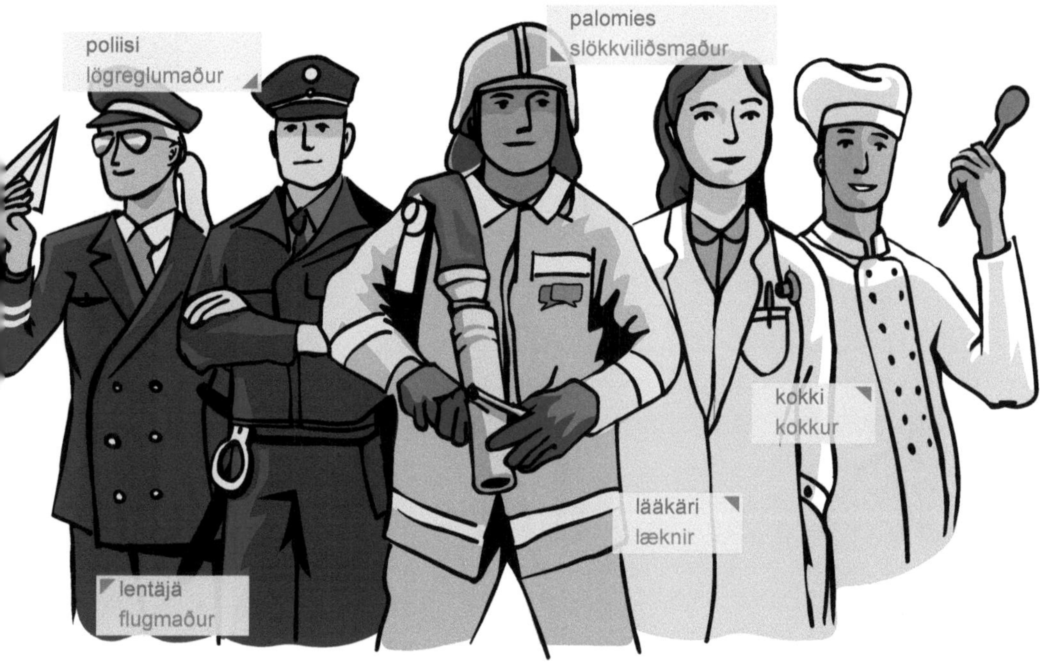
poliisi
lögreglumaður
palomies
slökkviliðsmaður
kokki
kokkur
lääkäri
læknir
lentäjä
flugmaður

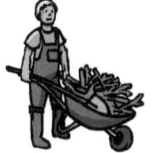

puutarhuri

garðyrkjumaður

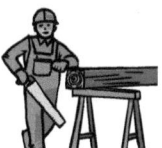

puuseppä

smiður

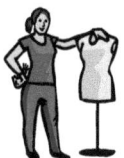

ompelija

saumakona

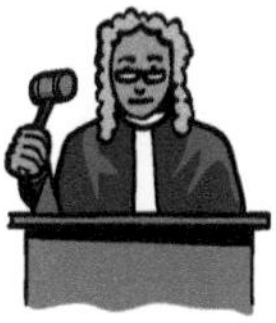

tuomari

dómari

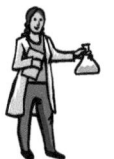

kemisti

lyfjafræðingur

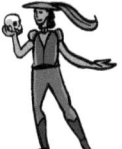

näyttelijä

leikari

linja-autonkuljettaja

strætóbílstjóri

taksinkuljettaja

leigubílstjóri

kalastaja

sjómaður

siivooja

ræstitæknir

katontekijä

þaksmiður

tarjoilija

þjónn

metsästäjä

veiðimaður

maalari

málari

leipuri

bakari

sähköasentaja

rafvirki

rakentaja

byggingaverkamaður

insinööri

verkfræðingur

teurastaja

slátrari

putkiasentaja

pípari

postinjakaja

póstmaður

sotilas
hermaður

arkkitehti
arkitekt

kassanhoitaja
gjaldkeri

floristi
blómasali

kampaaja
hárgreiðslumaður

konduktööri
lestarstjóri

mekaanikko
vélvirki

kapteeni
skipstjóri

hammaslääkäri
tannlæknir

tiedemies
vísindamaður

rabbi
rabbíi

imaami
Imam

munkki
munkur

pappi
prestur

työkalut
verkfæri

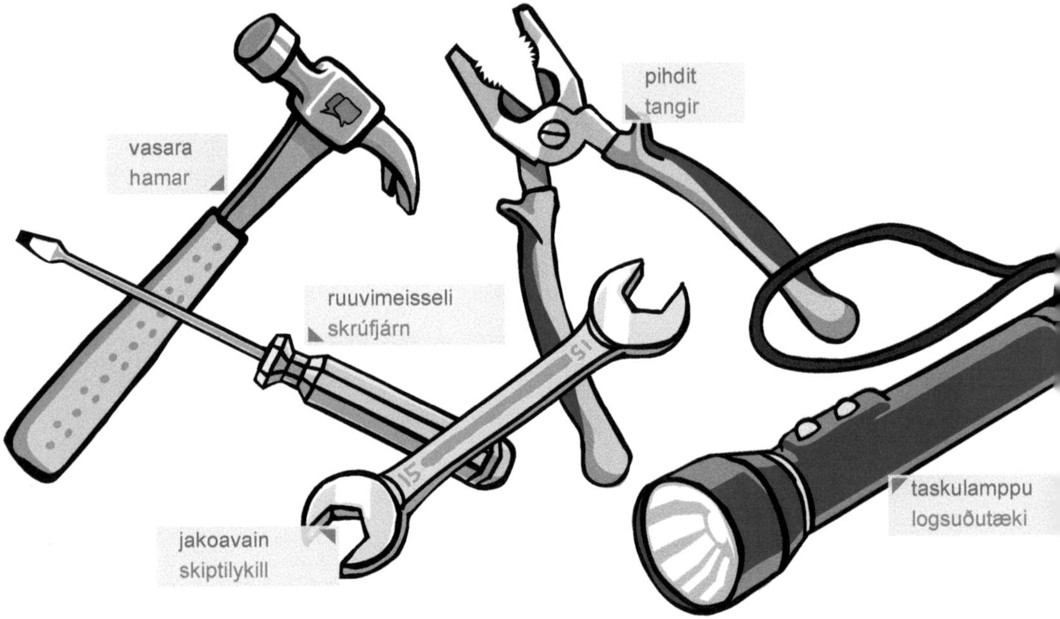

vasara
hamar
pihdit
tangir
ruuvimeisseli
skrúfjárn
jakoavain
skiptilykill
taskulamppu
logsuðutæki

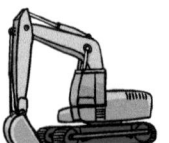

kaivinkone

grafa

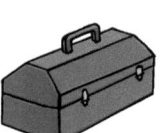

työkalupakki

verkfærataska

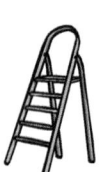

tikkaat

stigi

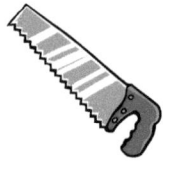

saha

sög

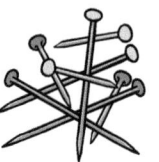

naulat

naglar

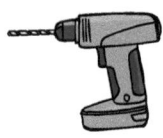

pora

bor

korjata
gera við

lapio
skófla

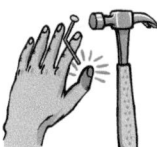

Hitto!
Fjandinn!

rikkalapio
fægiskófla

maalipurkki
málningarfata

ruuvit
skrúfur

soittimet
hljóðfæri

kaiuttimet
hátalari

rummut
trommusett

kitara
gítar

kontrabasso
kontrabassi

trumpetti
trompet

piano

píanó

viulu

fiðla

basso

bassi

patarummut

pákur

rumpu

trommur

kosketinsoitin

hljómborð

saksofoni

saxófónn

huilu

flauta

mikrofoni

hljóðnemi

eläintarha
dýragarður

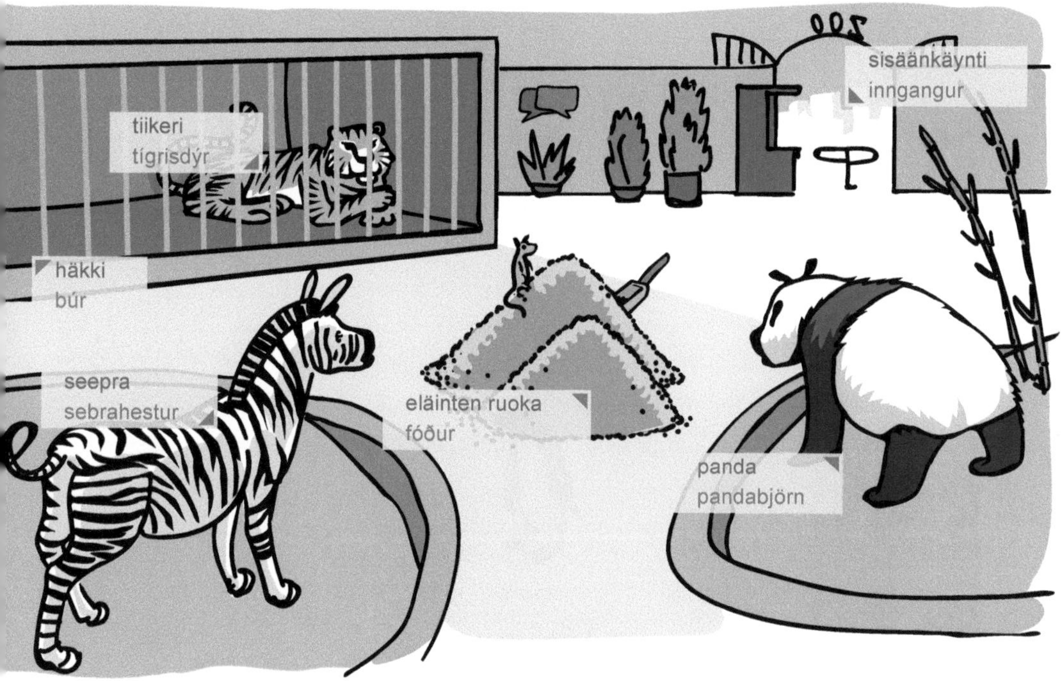

tiikeri
tígrisdýr
häkki
búr
seepra
sebrahestur
eläinten ruoka
fóður
panda
pandabjörn
sisäänkäynti
inngangur

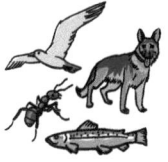

eläimet
dýr

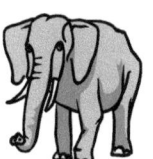

norsu
fíll

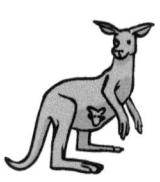

kenguru
kengúra

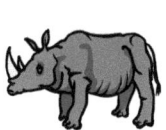

sarvikuono
nashyrningur

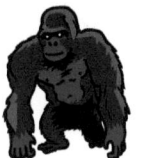

gorilla
górilla

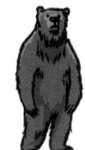

karhu
skógarbjörn

kameli

úlfaldi

strutsi

strútur

leijona

ljón

apina

api

flamingo

flamingó

papukaija

páfagaukur

jääkarhu

ísbjörn

pingviini

mörgæs

hai

hákarl

riikinkukko

páfugl

käärme

snákur

krokotiili

krókódíll

eläintarhanhoitaja

dýragarðsvörður

hylje

selur

jaguaari

jagúar

poni
hestur

leopardi
hlébarði

virtahepo
flóðhestur

kirahvi
gíraffi

kotka
örn

villisika
villisvín

kala
fiskur

kilpikonna
skjaldbaka

mursu
rostungur

kettu
refur

gaselli
gasella

amerikkalainen jalkapallo
Ameríkskur fótbolti

pyöräily
hjólreiðar

tennis
tennis

koripallo
körfubolti

uinti
sund

nyrkkeily
hnefaleikar

jääkiekko
íshokkí

jalkapallo

fótbolti

sulkapallo

hnit

yleisurheilu

frjálsar íþróttir

käsipallo

handbolti

hiihto

skíði

poolo

póló

aktiviteetit
athafnir

nauraa
hlæja
hypätä
hoppa
halata
faðma
kävellä
ganga
laulaa
syngja
unelmoida
dreyma
rukoilla
biðja
suudella
kyssa

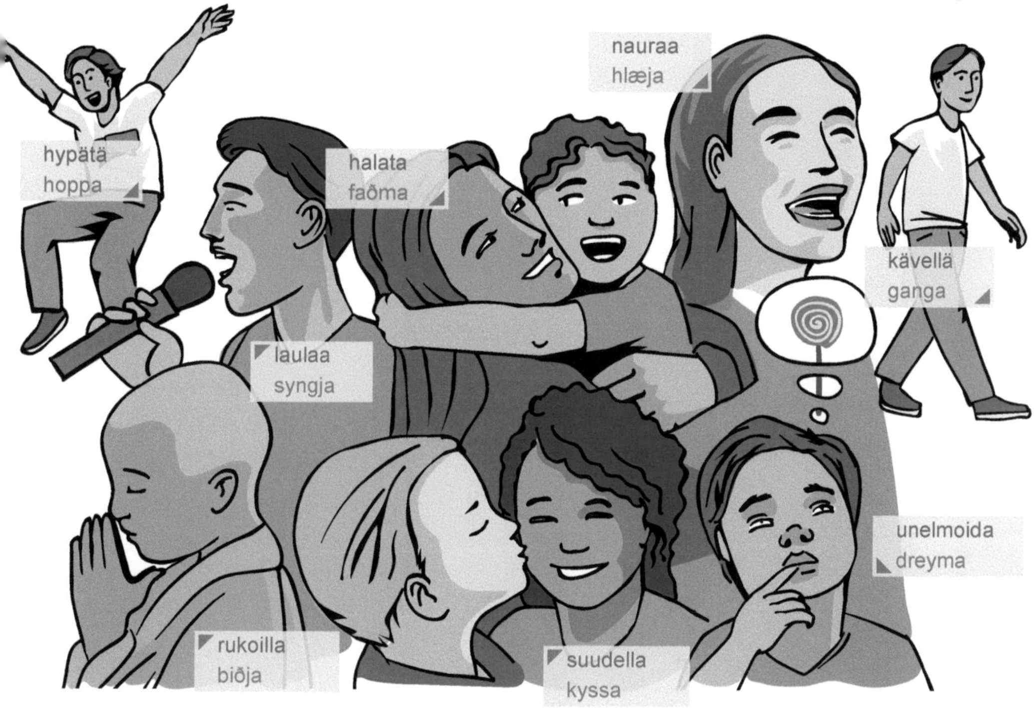

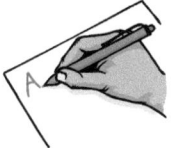

kirjoittaa

skrifa

piirtää

teikna

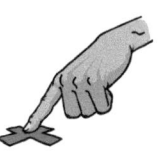

näyttää

sýna

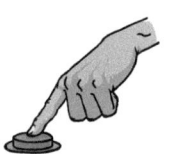

painaa

ýta

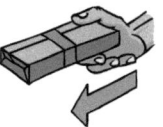

antaa

gefa

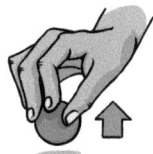

ottaa

taka

omistaa

hafa

tehdä

gera

olla

vera

seisoa

standa

juosta

hlaupa

vetää

draga

heittää

kasta

kaatua

detta

maata

ljúga

odottaa

bíða

kantaa

bera

istua

sitja

pukeutua

klæða sig

nukkua

sofa

herätä

vakna

katsoa

líta á

itkeä

gráta

silittää

strjúka

kammata

greiða

puhua

tala

ymmärtää

skilja

kysyä

spyrja

kuunnella

hlusta

juoda

drekka

syödä

borða

siivota

taka til

rakastaa

elska

keittää

elda

ajaa

keyra

lentää

fljúga

purjehtia

sigla

laskea

reikna

lukea

lesa

oppia

læra

työskennellä

vinna

mennä naimisiin

giftast

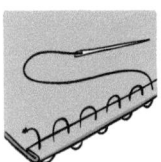

ommella

sauma

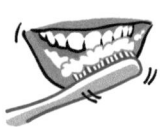

pestä hampaat

bursta tennur

tappaa

drepa

tupakoida

reykja

lähettää

senda

perhe
fjölskylda

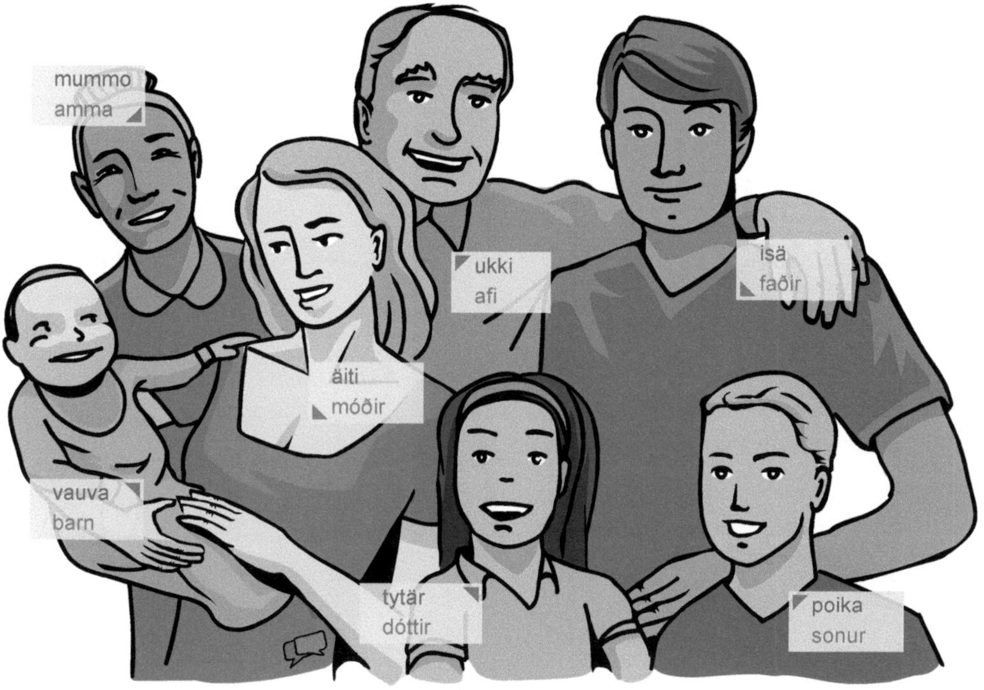
mummo
amma
ukki
afi
isä
faðir
äiti
móðir
vauva
barn
tytär
dóttir
poika
sonur

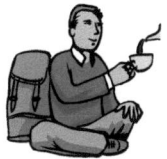

vieras
gestur

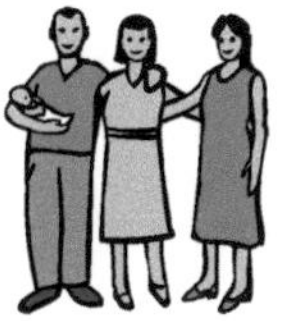
täti
frænka

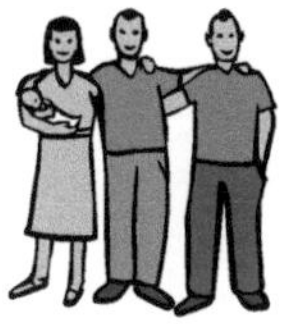
setä
frændi

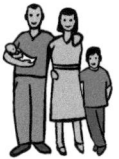

veli
bróðir

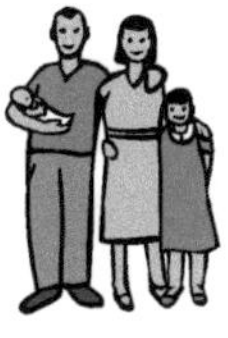
sisko
systir

vartalo
líkami

otsa
enni
silmä
auga
olkapää
öxl
sormet
fingur
kasvot
andlit
leuka
haka
käsi
hönd
jalka
fótleggur
rinta
brjóst
käsivarsi
handleggur

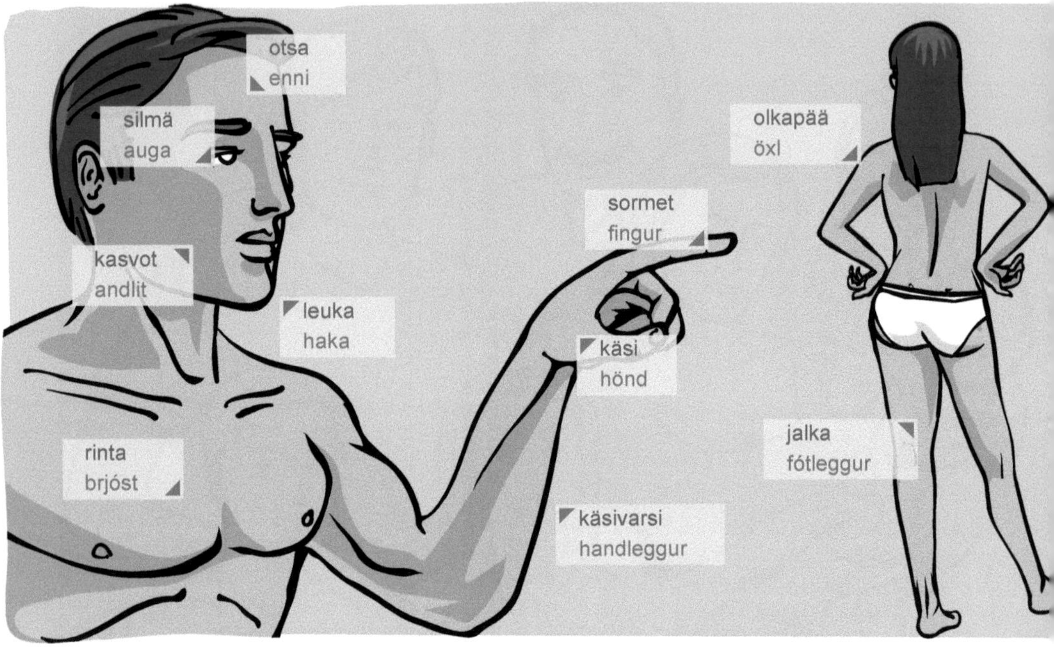

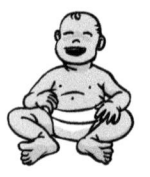

vauva
barn

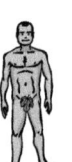

mies
maður

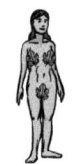

nainen
kona

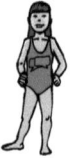

tyttö
stúlka

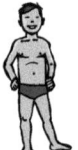

poika
drengur

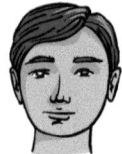

pää
höfuð

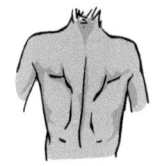

selkä
bak

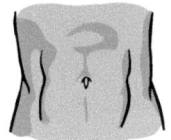

maha
kviður

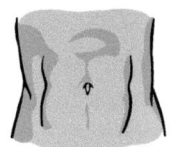

napa
nafli

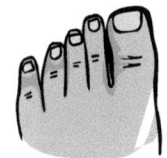

varvas
tá

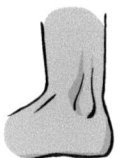

kantapää
hæll

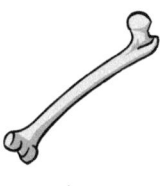

luu
bein

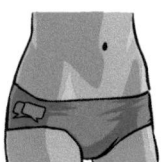

lantio
mjöðm

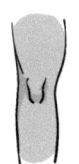

polvi
hné

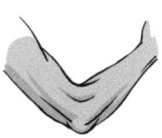

kyynärpää
olnbogi

nenä
nef

takapuoli
rass

iho
húð

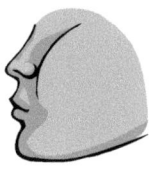

poski
kinn

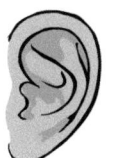

korva
eyra

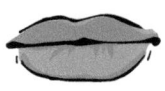

huuli
vör

suu
munnur

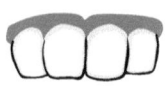

hammas
tönn

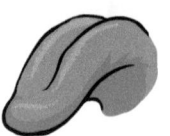

kieli
tunga

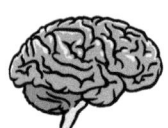

aivot
heili

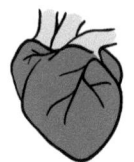

sydän
hjarta

lihas
vöðvi

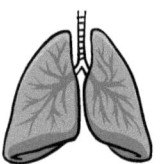

keuhkot
lunga

maksa
lifur

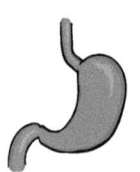

vatsa
magi

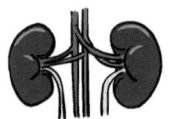

munuaiset
nýru

seksi
kynmök

kondomi
smokkur

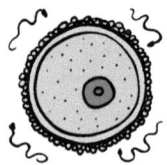

munasolu
eggfruma

sperma
sæði

raskaus
ólétta

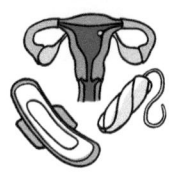

kuukautiset

tíðir

vagina

leggöng

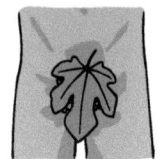

penis

typpi

kulmakarvat

augabrún

hiukset

hár

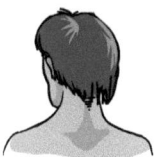

niska

háls

sairaala
sjúkrahús

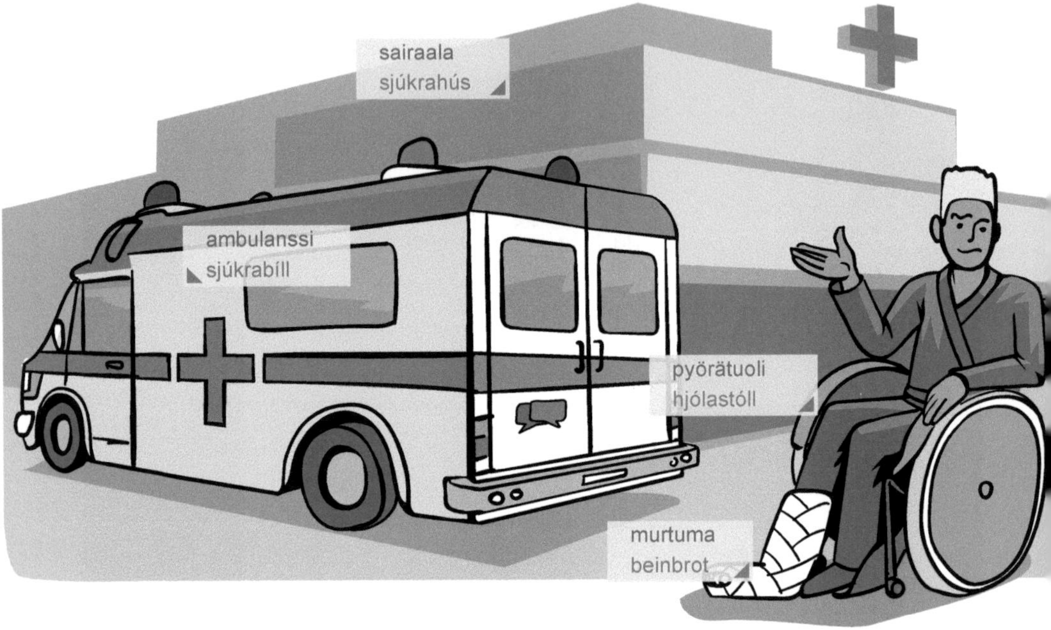

sairaala
sjúkrahús
ambulanssi
sjúkrabíll
pyörätuoli
hjólastóll
murtuma
beinbrot

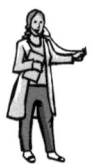

lääkäri

læknir

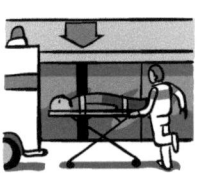

ensiapu

bráðamóttaka

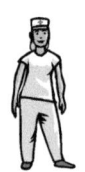

sairaanhoitaja

hjúkrunarfræðingur

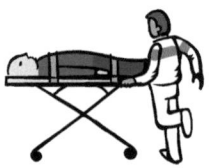

hätätilanne

neyðartilvik

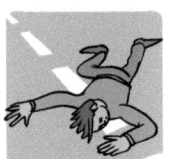

tajuton

meðvitundarlaus

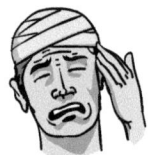

kipu

verkir

vamma
meiðsli

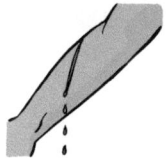

verenvuoto
blæðing

sydänkohtaus
hjartaáfall

aivoinfarkti
heilablóðfall

allergia
ofnæmi

yskä
hósti

kuume
hiti

flunssa
flensa

ripuli
niðurgangur

päänsärky
höfuðverkur

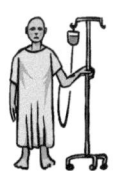

syöpä
krabbamein

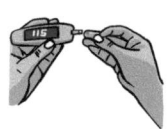

diabetes
sykursýki

kirurgi
skurðlæknir

veitsi
skurðhnífur

leikkaus
aðgerð

ct

sneiðmyndataka

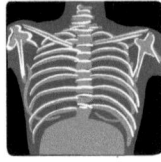

röntgen

röntgengeisli

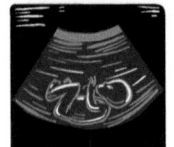

ultraääni

ómskoðun

maski

andlitsgríma

sairaus

sjúkdómur

odotushuone

biðstofa

sauva

hækja

laastari

gifs

side

sáraumbúðir

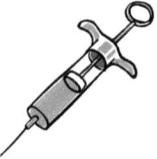

pistos

sprauta

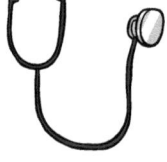

stetoskooppi

hlustunarpípa

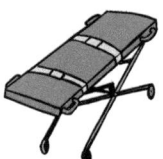

paarit

börur

kuumemittari

líkamshitamælir

syntymä

fæðing

ylipaino

yfirvigt

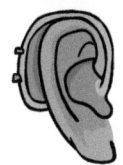

kuulolaite

heyrnartæki

desinfiointiaine

sótthreinsiefni

infektio

sýking

virus

veira

HIV / AIDS

HIV / AIDS

lääke

lyf

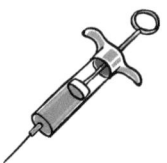

rokotus

bólusetning

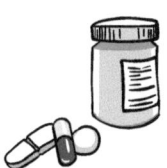

tabletit

töflur

pilleri

pilla

hätäpuhelu

neyðarsímtal

verenpainemittari

blóðþrýstingsmælir

sairas / terve

lasinn / heilbrigður

Apua! Hjálp!	 hälytys viðvörun	 ryöstö líkamsárás
 hyökkäys árás	 vaara hætta	 hätäuloskäynti neyðarútgangur
Tulipalo! Eldur!	 palosammutin slökkvitæki	 onnettomuus slys
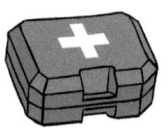 ensiapulaukku skyndihjálparbúnaður	 SOS SOS	 poliisilaitos lögregla

Eurooppa

Evrópa

Pohjois-Amerikka

Norður-Ameríka

Etelä-Amerikka

Suður-Ameríka

Afrikka

Afríka

Aasia

Asía

Australia

Ástralía

Atlantin valtameri

Atlantshaf

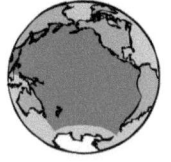

Tyynimeri

Kyrrahaf

Intian valtameri

Indlandshaf

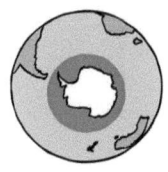

Eteläinen jäämeri

Suður-Íshaf

Pohjoinen jäämeri

Norður-Íshaf

pohjoisnapa

Norðurpóll

etelänapa

Suðurpóll

Antarktis

Suðurskautslandið

maa

Jörð

maa

land

meri

sjór

saari

eyja

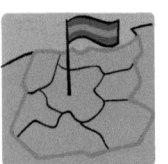

kansa

þjóð

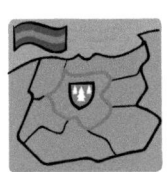

osavaltio

ríki

kellotaulu
klukkuskífa

tuntiviisari
litli vísir

minuuttiviisari
stóri vísir

sekuntiviisari
sekúnduvísir

Paljonko kello on?
Hvað er klukkan?

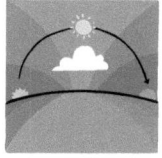

päivä
dagur

aika
tími

nyt
nú

digitaalikello
tölvuúr

minuutti
mínúta

tunti
klukkustund

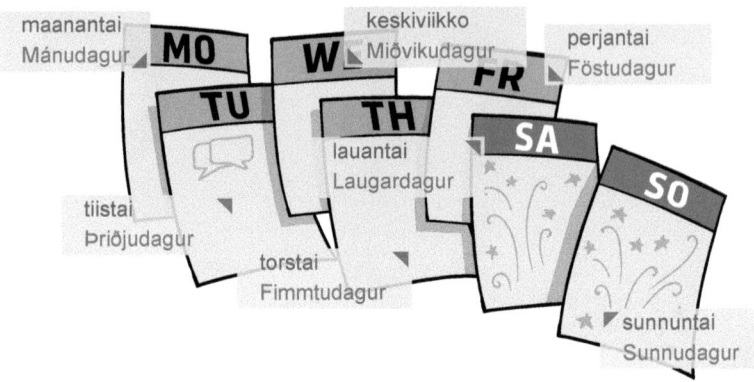

maanantai
Mánudagur
MO

keskiviikko
Miðvikudagur
W

perjantai
Föstudagur
FR

TU

TH

SA

lauantai
Laugardagur

SO

tiistai
Þriðjudagur

torstai
Fimmtudagur

sunnuntai
Sunnudagur

eilen

í gær

tänään

í dag

huomenna

á morgun

aamu

morgunn

keskipäivä

hádegi

ilta

kvöld

työpäivät

virkir dagar

viikonloppu

helgi

sade
rigning

sateenkaari
regnbogi

tuuli
vindur

lumi
snjór

kevät
vor

syksy
haust

kesä
sumar

talvi
vetur

4.APRIL	11°	☀
5.APRIL	4°	⛅
6.APRIL	13°	⛈
7.APRIL	8°	❄
8.APRIL	10°	☀

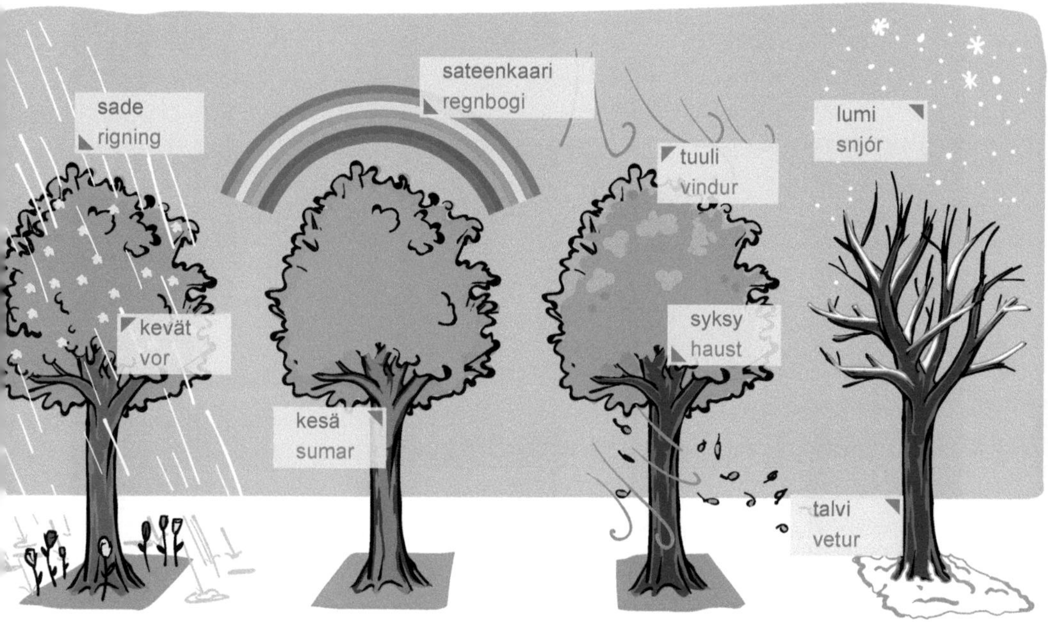

sääennuste

veðurspá

lämpömittari

hitamælir

auringonpaiste

sólskin

pilvi

ský

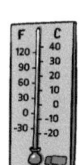

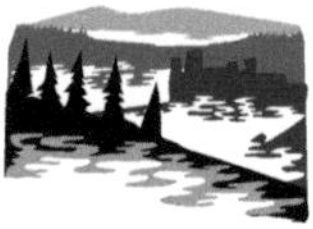

sumu

þoka

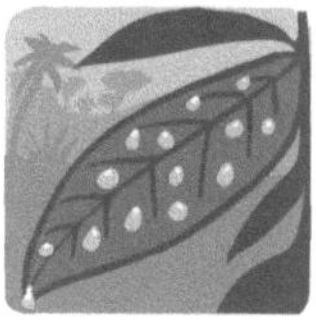

ilmankosteus

raki

salama

eldingar

ukkonen

þrumuveður

myrsky

stormur

rae

haglél

monsuuni

monsún

tulva

flóð

jää

ís

tammikuu

Janúar

helmikuu

Febrúar

maaliskuu

Mars

huhtikuu

Apríl

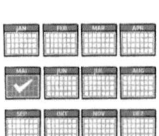

toukokuu

Maí

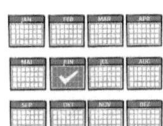

kesäkuu

Júní

heinäkuu

Júlí

elokuu

Ágúst

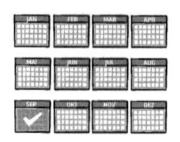

syyskuu
....
September

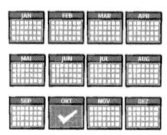

lokakuu
....
Október

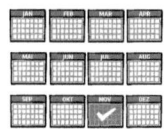

marraskuu
....
Nóvember

joulukuu
....
Desember

muodot
form

ympyrä
....
hringur

neliö
....
ferningur

suorakulmio
....
rétthyrningur

kolmio
....
þríhyrningur

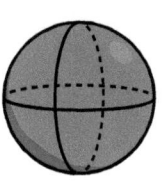

pallo
....
kúla

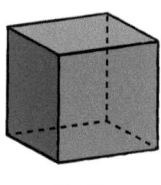

kuutio
....
teningur

valkoinen

hvítur

keltainen

gulur

oranssi

appelsínugulur

vaaleanpunainen

bleikur

punainen

rauður

violetti

fjólublár

sininen

blár

vihreä

grænn

ruskea

brúnn

harmaa

grár

musta

svartur

paljon / vähän

mikið / lítið

vihainen / ystävällinen

reiður / rólegur

kaunis / ruma

fallegur / ljótur

alku / loppu

upphaf / endir

suuri / pieni

stór / lítill

vaalea / tumma

bjartur / dimmur

veli / sisko

bróðir / systir

puhdas / likainen

hreinn / óhreinn

täydellinen / epätäydellinen

heill / ófullnægjandi

päivä / yö

dagur / nótt

kuollut / elävä

dauður / lifandi

leveä / kapea

breiður / mjór

syötävä / syömäkelvoton
ætur / óætur

paha / kiltti
vondur / góður

innostunut / tylsistynyt
spenntur / leiður

lihava / laiha
feitur / mjór

ensimmäinen / viimeinen
fyrstur / síðastur

ystävä / vihollinen
vinur / óvinur

täysi / tyhjä
fullur / tómur

kova / pehmeä
harður / mjúkur

painava / kevyt
þungur / léttur

nälkä / jano
svangur / þyrstur

sairas / terve
lasinn / heilbrigður

laiton / laillinen
ólöglegur / löglegur

älykäs / tyhmä
greindur / heimskur

vasen / oikea
vinstri / hægri

lähellä / kaukana
nálægur / fjarlægur

uusi / käytetty

nýr / notaður

ei mitään / jotain

ekkert / eitthvað

vanha / nuori

gamall / ungur

päällä / pois päältä

kveikt / slökkt

auki / kiinni

opna / loka

hiljainen / äänekäs

Lágvær / hávær

rikas / köyhä

ríkur / fátækur

oikein / väärin

rétt / rangt

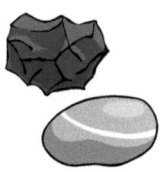

karhea / sileä

grófur / sléttur

surullinen / iloinen

rgbitinn / hamingjusamur

lyhyt / pitkä

stutt / lengi

hidas / nopea

hægt / hratt

märkä / kuiva

blautur / þurr

lämmin / viileä

heitur / kaldur

sota / rauha

stríð / friður

0	**1**	**2**
nolla	yksi	kaksi
núll	einn	tveir

3	**4**	**5**
kolme	neljä	viisi
þrír	fjórir	fimm

6	**7**	**8**
kuusi	seitsemän	kahdeksan
sex	sjö	átta

9	**10**	**11**
yhdeksän	kymmenen	yksitoista
níu	tíu	ellefu

12	**13**	**14**
kaksitoista	kolmetoista	neljätoista
tólf	þrettán	fjórtán

15	**16**	**17**
viisitoista	kuusitoista	seitsemäntoista
fimmtán	sextán	sautján

18	**19**	**20**
kahdeksantoista	yhdeksäntoista	kaksikymmentä
átján	nítján	tuttugu

100	**1.000**	**1.000.000**
sata	tuhat	miljoona
hundrað	þúsund	milljón

englanti

Enska

amerikanenglanti

Amerísk enska

mandariinikiina

Mandarin-kínverska

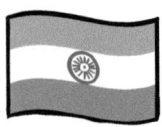

hindi

Hindí

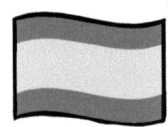

espanja

Spænska

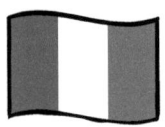

ranska

Franska

arabia

Arabíska

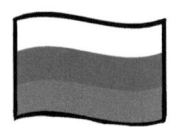

venäjä

Rússneska

portugali

Portúgalska

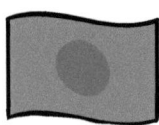

bengali

Bengali

saksa

Þýska

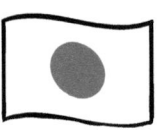

japani

Japanska

minä

ég

sinä

þú

hän

hann / hún / það

me

við

te

þú

he

þeir

kuka?

hver?

mitä / mikä?

hvað?

miten?

hvernig?

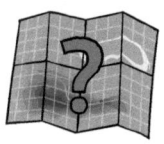

missä?

hvar?

milloin?

hvenær?

nimi

nafn

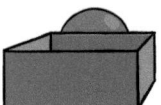

takana

bakvið

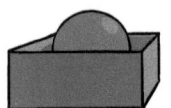

sisällä

í

edessä

fyrir framan

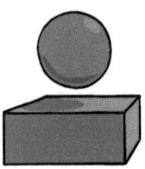

yläpuolella

yfir

päällä

á

alapuolella

undir

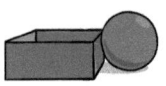

vieressä

við hliðina

välissä

milli

paikka

sæti